AF268187

L'Abbé Th. BESNARD

DU PATRIOTISME

CHEZ LES FEMMES

Etude couronnée au grand Concours littéraire ouvert en l'honneur
de Jeanne d'Arc,
par l'Académie Champenoise, le Dimanche 3 Octobre 1886.

ÉPERNAY | ORLÉANS
BONNEDAME FILS | LUZERAY, LIBRAIRE
IMPRIMEUR-ÉDITEUR | 3, place du Martroi, 3.

1887

DU PATRIOTISME CHEZ LES FEMMES

IMPRIMÉ SUR LES PRESSES MÉCANIQUES

DE

BONNEDAME FILS

Editeur à Epernay.
Administrateur de la *Revue Champenoise*.

L'Abbé Th. BESNARD

DU PATRIOTISME

CHEZ LES FEMMES

Etude couronnée au grand Concours littéraire ouvert en l'honneur
de Jeanne d'Arc,
par l'Académie Champenoise, le Dimanche 3 Octobre 1886.

ÉPERNAY

BONNEDAME FILS

IMPRIMEUR-ÉDITEUR

ORLÉANS

LUZERAY, LIBRAIRE

3, place du Martroi, 3.

1887

DU PATRIOTISME CHEZ LES FEMMES

Pro aris et focis.

Les Grecs n'avaient vu dans la femme que sa beauté ; elle était à leurs yeux un instrument de plaisir, rien de plus. Aussi, dans la liste pourtant si courte de leurs célébrités féminines, ont-ils placé en tête Aspasie et Phryné, deux courtisanes !

Pour les Romains, la femme ne fut guère qu'un instrument de propagation. Sa fécondité lui tint lieu de vertu et fit toute sa grandeur. Sénèque va jusqu'à l'appeler « un animal sans pudeur ».

C'était, de la part de ces deux peuples, ne saluer qu'un corps là où il y avait une âme, et une âme si belle !

Les Barbares firent mieux : ils honorèrent dans la femme quelque chose de faible, et ils eurent pour cette faiblesse des ménagements et de la délicatesse, ce respect des forts. Ils honorèrent aussi en elle quelque chose de divin : leurs guerrières, leurs vierges, leurs prophétesses les accompagnaient dans leur vie d'aventures et de périls ; il est vrai, une fois le danger passé, la femme tombait vite de son piédestal.

Seul le Christianisme comprit bien la femme et la mit à sa vraie place. Il la considéra comme l'ange gardien de l'autel et du foyer : non seulement de ce foyer intime qu'on nomme la famille, mais aussi de ce foyer agrandi qu'on nomme la Patrie. Et il mit dans son cœur cette belle devise : *pro aris et focis*.

Or, l'ange gardien a deux rôles : 1º il inspire, il gouverne invisiblement ; 2º à l'heure du danger, il se montre et il agit.

Ainsi fit Raphaël pour Tobie. Ainsi fait la femme pour l'homme. Elle est en tout temps la grande inspiratrice de l'homme, qu'elle gouverne avec une main cachée dans le cœur ; mais aux heures de souveraine détresse, elle ceint l'épée, s'il le faut, et devient sa vaillante coopératrice.

I

D'abord la femme est la grande *inspiratrice* de l'homme.

Dans l'ordre du *vrai*, c'est Elle qui inspire le penseur, même le penseur chrétien. Saint Augustin est doublement le fils de sainte Monique : le fils de ses entrailles et le fils de son cœur. Que de fois, après la mort de sa mère, ce génie tendre et sublime, au ressouvenir du dernier entretien qu'il avait eu avec elle un soir à Ostie, aimera à s'élancer dans les profondeurs de Dieu et à reprendre seul ce chemin de l'éternité qu'ils avaient monté ensemble, ce soir-là, avec tant de charme, la main dans la main !— Du fond de sa solitude de Bethléem, saint Jérôme, ce génie fougueux et indiscipliné, correspond avec les plus illustres matrones de Rome : et c'est pour elles qu'il traduit l'Ecriture sainte. — Dans le palais de Charlemagne, Alcuin écrit pour les filles et les nièces de ce grand roi des Commentaires sur saint Jean. — Et au milieu même de cet incomparable XVIIe siècle, entre tant de noms célèbres, Jacqueline Pascal apparaît non sans gloire aux côtés de son illustre frère ; et derrière Nicole, se cache la duchesse de Longueville.

Dans l'ordre du *beau*, c'est encore la femme qui inspire l'artiste, même l'artiste chrétien. Si je descends dans les Catacombes, je rencontre à chaque pas, parmi les sujets de peinture, quoi donc ? Une femme en prière : l'Orante. Et cette première image de Marie sera comme la sœur aînée de cette longue famille de Vierges byzantines qui inspireront les peintres et les sculpteurs du Moyen Age : les Michel-Ange, les

Raphaël, les Léonard de Vinci. — A leur tour les vierges et les martyres seront les inspiratrices de l'éloquence et de la poésie chrétienne, comme les Sapho et les Erinne de l'antiquité le furent des poètes païens. Saint Ambroise, le pape saint Damase, le poète Prudence, dans leurs discours ou dans leurs poèmes, chantent à l'envi sainte Agnès. Fortunat n'écrit qu'en vers à sainte Radegonde de Poitiers. En Angleterre, saint Boniface se repose de ses travaux apostoliques en rimant de petits poèmes pour une abbesse, la belle Lioba. C'est à cette même inspiration féminine que les troubadours du Moyen Age, les Minnesinger, les poètes italiens devront tout leur génie. Dante hésite au moment de commencer son pélerinâge en Enfer, en Purgatoire et en Paradis : mais là-haut une femme veille sur lui, et il se met résolument à l'œuvre sous l'égide de Béatrix. A la première page de son Virgile, Pétrarque écrit un nom et une date : c'est le nom de sa Laure tant aimée et la date de sa mort.

Dans l'ordre du *bien*, je retrouve toujours la même influence. C'est la femme qui fait les saints. Elle les enfante dans la prière, dans les larmes, dans les exemples de vertu. — Clotilde prie, et Clovis se convertit à la foi chrétienne. — Monique pleure toutes ses larmes, et Augustin devient un grand saint en même temps qu'un grand penseur. — Blanche de Castille dit à son fils : « J'aimerais mieux vous voir mort que souillé d'un péché mortel», et Louis IX devient un grand saint en même temps qu'un grand roi.

Ainsi, dans les lettres, dans les arts, dans la vie morale, la femme, amoureuse elle-même du vrai, du beau, du bien, sait inspirer à l'homme ce triple amour.

Mais Elle porte dans son cœur un autre amour encore l'amour de la Patrie. Et cette belle flamme, elle sent également le besoin de la communiquer : c'est elle qui fera les braves et les patriotes.

A Sparte, sous Lycurgue, quand le jeune Lacédémonien

partait pour la guerre, sa mère, en lui présentant le bouclier, disait : » Reviens dessus ou dessous ! » C'était déjà notre « Vaincre ou mourir. »

Rome, à son tour, cite deux noms immortels de femmes. — Lorsque Coriolan, furieux d'un injuste exil, tourne les armes contre sa patrie, vainement le peuple, puis le Sénat, puis les prêtres envoient vers lui des députations de suppliants: le jeune insurgé demeure inflexible. Que faut-il pour faire tomber cette grande colère antipatriotique? Il suffit d'une femme, d'une mère. Véturie n'a qu'à paraître, et Coriolan est vaincu ! — Et les Gracques, ces deux grands patriotes qui aimèrent le peuple et le pauvre jusqu'à verser leur sang pour eux, qui donc avait formé leurs âmes et y avait jeté ce beau feu? Encore une femme et encore une mère : Cornélie.

Sur notre terre de France, c'est bien plus merveilleux encore. Ce ne sont pas deux noms qu'il faudrait citer, mais toute une splendide lignée de saintes filles et de saintes femmes : de Geneviève à Jeanne d'Arc et à Jeanne Hachette, de la femme de Clovis à la femme de Louis XVI. — Et entre ces confins de notre histoire, en pleine société féodale, la femme est plus que jamais l'Ange de la Patrie. C'est elle qui, dans la solitude du manoir, met au cœur de ce rude soldat du Moyen Age, ces sentiments nouveaux de loyauté et d'honneur d'où sortira la Chevalerie. C'est Elle aussi qui sera l'âme des Croisades : ce grand mouvement religieux et patriotique qui, pendant près de deux siècles, entraîna des millions d'hommes à la conquête d'un tombeau, et fit retrouver sur le chemin de Jérusalem cette fraternité nationale perdue depuis si longtemps.

Hélas ! je n'ai garde de l'oublier, la femme méconnaît parfois son rôle. Alors elle devient le mauvais génie de l'homme: *corruptio optimi pessima.* Et au lieu de laisser derrière elle une trace de lumière et de gloire, elle laisse une trace de malédiction et de honte. En regard des Geneviève, des Clotilde, des Radegonde, des Bathilde, il y a les Brunehaut, et les Frédégonde de sanglante mémoire. En regard de Blanche de Castille et de Marguerite de Provence, c'est, plus d'un siècle avant, la reine Constance, faisant le tourment du bon roi Robert et soufflant dans l'âme de ses deux fils l'esprit de révolte. En regard de Jeanne d'Arc, c'est Isabeau de Bavière; et en regard de Marie Antoinette, Théroigne de Méricourt.

Tant il est vrai que la neutralité est impossible à la femme. Au sein de la société comme au foyer de la famille, il faut qu'elle soit ange de lumière ou ange de ténèbres, pour le salut ou pour la perte des nations comme des individus.

II

Mais l'ange de la Patrie devient parfois visible. Ce n'est que rarement sans doute : car le bras d'une femme est trop faible pour porter longtemps, pour porter toujours le gantelet de fer et l'épée. Cependant, à de certains moments marqués par la divine Providence, son rôle d'Inspiratrice ne suffit plus à la femme. Alors, descendant tout armée dans l'arène, elle se fait la *coopératrice* de l'homme, et, de concert avec lui, sauve les sociétés mourantes. Les Juifs ont leur Judith, leur Esther, leur Débora. Nous, à côté de tant d'illustres femmes : filles, épouses, mères et sœurs de rois, à côté d'illustres vierges comme Geneviève ou Jeanne Hachette, nous avons, bien au-dessus de toutes, Jeanne d'Arc.

C'est merveille que d'étudier ce beau type, le plus pur et le plus parfait qui soit, de l'héroïne nationale. Jamais patriotisme ne s'alluma plus tôt dans un cœur, ni ne s'éleva d'un seul bond à de plus hauts sommets.

I. Dès son enfance, tout prépare Jeanne d'Arc à sa mission de libératrice.

Sur cette frontière Champenoise où elle naît, le premier spectacle qui frappe ses yeux, c'est la guerre. Des soldats traversent incessamment la vallée de la Meuse : tantôt les Anglais, tantôt les Bourguignons, tantôt les grandes Compagnies. Non loin de Domrémy se trouve le petit bourg de Marey ; entre ces deux villages, composés l'un d'Armagnacs et l'autre de Bourguignons, ce sont des combats perpétuels : que de fois la Pucelle a vu ses trois frères rentrer au logis tout couverts de sang !

Au foyer domestique où elle file et coud près de sa mère, elle n'entend également que des récits de guerre, que de pieuses légendes sur saint Michel, l'archange des batailles. Et sous le grand hêtre des Fées, où elle va souvent rêver à sainte Marguerite et à sainte Catherine dont elle a fait « ses saintes » et pour lesquelles elle tresse dévotement des couronnes de fleurs, l'image de l'infortuné Charles VII hante souvent aussi son imagination d'enfant.

Par-dessus tout, c'est à « ses voix » qu'elle doit l'éclosion simultanée dans son âme de ces deux beaux amours qui n'en font qu'un : l'amour de la Patrie et l'amour de la Religion. Elle avait à peu près treize ans, quand, un jour d'été, sur le midi, étant dans le jardin de son père, elle vit tout à coup du côté de l'église une grande lumière, et du sein de cette lumière une voix disait : « Jeanne, sois bonne et sage enfant, va souvent à l'Eglise. » Et Jeanne, fidèle à cette voix, grandit chaque jour dans la pureté, dans la piété, dans la charité. — Une autre fois, elle vit dans cette lumière de belles figures, et parmi ces figures celle de saint Michel qui lui dit : « Jeanne, va délivrer le roi de France et lui rendre son royaume. » — Dans la suite, l'archange lui réapparaîtra bien des fois encore ; et, pour lui faire comprendre toute «la grande pitié qui est au royaume de France» il lui montrera : ce pauvre jeune roi, renié par sa mère, et chassé par l'Anglais de son héritage : ces mauvais princes qui communient ensemble le matin et se poignardent le soir : ce glorieux nom de soldat honteusement porté par des aventuriers et des brigands : ce peuple affolé de souffrances et promenant partout le meurtre et l'incendie : tant de provinces égarées qui ont acclamé l'étranger : cette nation enfin où il y a des Armagnacs et des Bourguignons, mais où il n'y a plus de Français ! Et à l'école de l'archange, la vierge de Domrémy sentira sön patriotisme, d'abord tremblant et irrésolu, pénétrer peu à peu sa chair, son sang, son âme, tout son être, invinciblement. Alors, coûte que coûte, il lui faudra partir, eût-elle pour l'en empêcher « cent pères et cent mères ».

Fille de Dieu, va, va, la France t'attend !

II. Sur sa route renaît partout l'espoir avec le patriotisme. A Vaucouleurs, elle convainc Baudricourt ; à Chinon, elle convainc le roi ; à Poitiers, elle convainc les docteurs. Quant au peuple, il y a longtemps qu'il est convaincu et qu'il baise la trace de ses pas.

Et maintenant, ô Jeanne, à l'œuvre !

La voici dans Orléans. A peine a-t-elle paru que la fortune des batailles change ; la victoire suit partöut sa blanche bannière aux fleurs de lis. — Là-bas, à la bastille de Saint-Loup, le sang français coule. Jeanne sur son lit repose. Soudain « ses voix » l'éveillent. Elle se lève, prend sa bannière, et se précipite comme la foudre par la porte de Bourgogne. Il n'était que temps, car les siens pliaient. Mais sa présence ranime tous les courages. En quelques heures l'ennemi est refoulé dans ses retranchements, la bastille prise et brûlée. — Deux jours après, c'est le tour de la bastille des Augustins. Les Français plient encore, saisis d'une terreur panique. Vite Jeanne les rallie, son regard les électrise, sa voix les ramène à la charge : bientôt son étendard flotte sur les Augustins. — Le lendemain, dès l'aube, on la voit aux pieds de cette formidable bastille des Tournelles, « où l'Anglais se battra comme s'il dédaignait la mort, et le Français comme s'il se croyait immortel. » A cet assaut, que les capitaines ont déclaré une folie, Jeanne est au premier rang, toute rayönnante de bravoure et lançant des mots héroïques qui enthousiasment les troupes. Mais un trait la blesse à l'épaule ; elle tombe... C'en est fait ! Les Français reculent, et Dunois s'apprête à sonner la retraite... Alors l'intrépide jeune fille se relève, arrache elle-même le trait, s'agenouille un instant, et retourne à l'assaut : « En avant, tout est vôtre ! » A ce cri qui ramène les fuyards, les Anglais reculent à leur tour, épouvantés, Glasdale tombe tout armé dans le fleuve où il se noie avec l'élite de ses guerriers : les Tournelles sont à nous !

Ainsi, en trois jours et en trois coups d'épée, Jeanne a délivré Orléans. Sa première mission est terminée. Elle n'a plus qu'à mener le roi au sacre... Mais avant, la sagesse des politiques décide qu'il faut nettoyer d'Anglais les bords de la Loire. C'est toute une campagne. N'importe ! Jeanne la fera avec la même vaillance et le même succès. Cette héroïne de *dix-huit* ans, aidée de « ses voix », aura la science et l'expérience d'un vieux capitaine. — Rien ne lui résiste : « En avant, gentil duc, à l'assaut ! » crie-t-elle à d'Alençon sous les murs de Jargeau. Et bondissant à travers la mitraille, elle entraîne tout à sa suite. — Après Jargeau, ce sera Meung ; après Meung, Beaugency. En moins d'une semaine, les deux rives du fleuve sont libres, et les ennemis fuient éperdus à travers les plaines de la Beauce : mais « quand ils seraient pendus aux nues », ils ne lui échapperont point. Les éperons de ses chevaliers font merveille ; et avant que Talbot ait le temps de se retrancher derrière Patay, Jeanne l'atteint et met son armée en déroute.

Maintenant à Reims ! à Reims ! On part de Gien le 28 juin 1429. Bourgades et villages acclament l'armée royale. Auxerre fournit des vivres. Troyes capitule. Châlons ouvre avec empressement ses portes. Enfin, le 13 juillet, Charles entre dans Reims, et le 17, il reçoit l'huile sainte sur son front. A cette cérémonie du sacre, la Pucelle est aux côtés du roi, debout, dans tout le rayonnement de sa gloire. On eût dit, selon le mot d'un illustre historien, « l'ange de la France pré-sidant à la résurrection de la Patrie. »

III. Pourtant, il manque un dernier trait à cette héroïque beauté pour devenir l'idéal même du patriotisme. Car s'il est beau de servir noblement son pays, il est plus beau encore de mourir pour lui. Et ce qui atteint le sublime, c'est de mourir pour lui, non sur un champ de bataille et au milieu des enivrements de la gloire, comme Bayard ou Duguesclin, mais méconnu, abandonné, honni, dans un martyre immérité !

Cette fin sera celle de Jeanne, la libératrice de la France.

Après son échec devant Paris, elle s'était jetée dans Compiègne qu'assiégeaient les Bourguignons et les Anglais. Mais le soir même, dans une sortie qu'elle avait faite et où on l'abandonna lâchement au milieu des ennemis, elle se vit renversée de cheval par un archer picard, pris par le bâtard de Vendôme, et bientôt vendue 10,000 écus d'or aux Anglais.

C'en est fait, Jeanne n'a plus qu'à mourir ! Du moins sa mort sera le digne couronnement de sa vie : car jamais foi et patriotisme ne pourront s'élever plus haut.

Dans la prison où on l'enferme à Rouen, ses chaînes ne sont rien, ni les sarcasmes de ses geôliers, ni les injurieuses bravades de Jean de Luxembourg, ni les trahisons de l'hypocrite Loyseleur. Non, sa plus grande torture vient d'autre part, et elle est innommable. . . Rougissez de honte, Anglais, vils insulteurs de son innocence ! Pour toi, ô noble Pucelle, quand tu graviras ton bûcher, ce sera le front haut et dans toute la fierté d'une virginité sans tache !

En face de ses juges, elle montrera — et avec des accents d'une beauté sans égale — comment elle aime la France, et comment elle aime l'Eglise. Au cardinal de Winchester et à Warwick elle dira : « La paix qu'il faut avec les Anglais, c'est qu'ils s'en aillent. . . Avant sept ans, ils seront boutés hors de France. . . seraient-ils cent mille de plus, ils n'auront pas le royaume. » Au malheureux évêque de Beauvais « par qui elle meurt », elle dira : « Je suis chrétienne et bonne chrétienne, je n'ai pas failli dans la foi, je crois à l'Eglise et je voudrais la servir de tout mon cœur; car cette Eglise et Jésus-Christ c'est tout un ».

Sur le bûcher enfin, Jeanne, avant de rendre sa belle âme à Dieu, protestera de ses sentiments de grande Française et de grande chrétienne. Tandis que la foule pleure, que Winchester pleure, que Cauchon pleure, et qu'un prêtre tient élevée devant elle l'image du Rédempteur, la rédemptrice de la France lancera une dernière parole et un dernier cri : cette parole sera pour sa patrie qu'elle a tant aimée, et pour son roi qu'elle défend encore; ce cri sera pour son Dieu : « Jésus! Jésus! Jésus! »

Et puis, c'est fini...

Après avoir été, comme son étendard, à la peine, l'héroïque vierge de Domrémy est maintenant là-haut, pour jamais, à l'honneur!

Telle est, à grands traits, cette épopée gigantesque accomplie par une simple fille des champs, qui ne savait ni a ni b, et qui n'avait jamais monté un cheval ni manié une épée. Tout-à-coup, au signal de Dieu, la vierge se lève, fière, intrépide, dans le double rayonnement de sa jeunesse et de sa beauté, et marche à la délivrance de son pays. Elle passe comme une éblouissante vision : réveillant partout le patriotisme dans les âmes, et redonnant du cœur au peuple de France, à l'armée, aux chevaliers, au roi : chargeant elle-même l'ennemi, et frappant, comme les anciens paladins, de grands coups d'épée qui vengent Crécy, Poitiers et Azincourt : battant et Suffolk et Talbot et Falstaff, ces invincibles capitaines : menant son roi de triomphe en triomphe, jusqu'à la cathédrale de Reims : mourant enfin, à Rouen, d'une mort qui la consacre à jamais « martyre de la Patrie Française. »

*
* *

Et depuis, ô Jeanne, ce feu sacré du patriotisme ne s'est jamais éteint en France. C'est lui qui a éclairé toutes nos victoires. Et au-dessus même de nos plus sombres désastres, apparurent toujours — comme ces croix blanches, symboles de l'espérance, qui surmontent les tombes de nos cimetières — les rayons consolateurs d'un héroïsme qui ne fut que malheureux.

Non, dans notre France moderne, la race des vaillants n'est point morte. Est-ce qu'elles n'existent pas toujours, et en grand nombre, ces admirables familles où « servir » est un honneur, où l'on place au-dessus de tout le dévouement à la Patrie, et où de père en fils l'on se fait soldat? Est-ce que Paris, tout récemment, en voyant le général Schmitz conduire le deuil d'un de ses fils mort au Tonkin, n'apprenait pas avec une émotion profonde que ce vieux soldat avait trois autres fils à l'armée?... Et n'avons-nous pas vu, tout récemment encore, de nobles enfants briguer comme un privilège l'autorisation d'aller, avant leur tour, là où l'on se battait, là où l'on mourait!

Or aujourd'hui, comme par le passé, c'est toujours au cœur de la femme que s'allume le patriotisme. La Française de nos jours sait encore broder de sa main des drapeaux à nos soldats. Elle sait surtout inspirer et entretenir dans l'âme de ses fils et de ses frères, en même temps que les vertus militaires, ce vieil esprit chevaleresque qui a chassé l'Anglais de notre France, et qui un jour nous redonnera l'Alsace et la Lorraine!...